LE

DROIT ROMAIN

RÉSUMÉ EN

TABLEAUX SYNOPTIQUES

PAR

A. WILHELM

RÉPÉTITEUR DE DROIT

MATIÈRES DE L'EXAMEN DE PREMIÈRE ANNÉE

PARIS

CHALLAMEL aîné
Libraire-commissionnaire
5, RUE JACOB

COTILLON et Cⁱᵉ
Libraire du Conseil d'Etat
24, RUE SOUFFLOT

1876

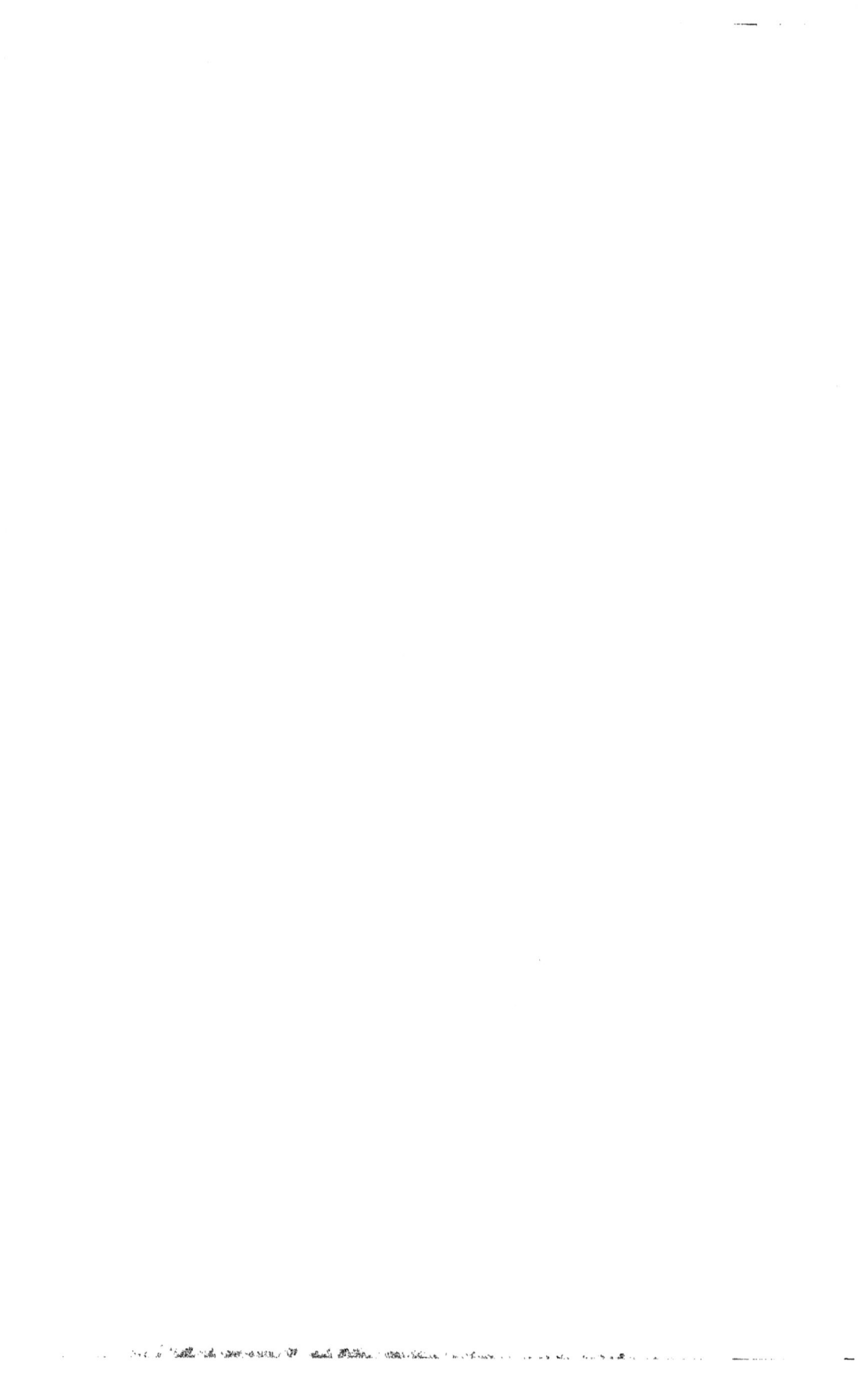

LE

DROIT ROMAIN

RÉSUMÉ EN

TABLEAUX SYNOPTIQUES

PAR

A. WILHELM

RÉPÉTITEUR DE DROIT

MATIÈRES DE L'EXAMEN DE PREMIÈRE ANNÉE

PARIS

CHALLAMEL aîné
Libraire-commissionnaire
5, RUE JACOB

COTILLON et Cie
Libraire du Conseil d'Etat
24, RUE SOUFFLÒT

1876

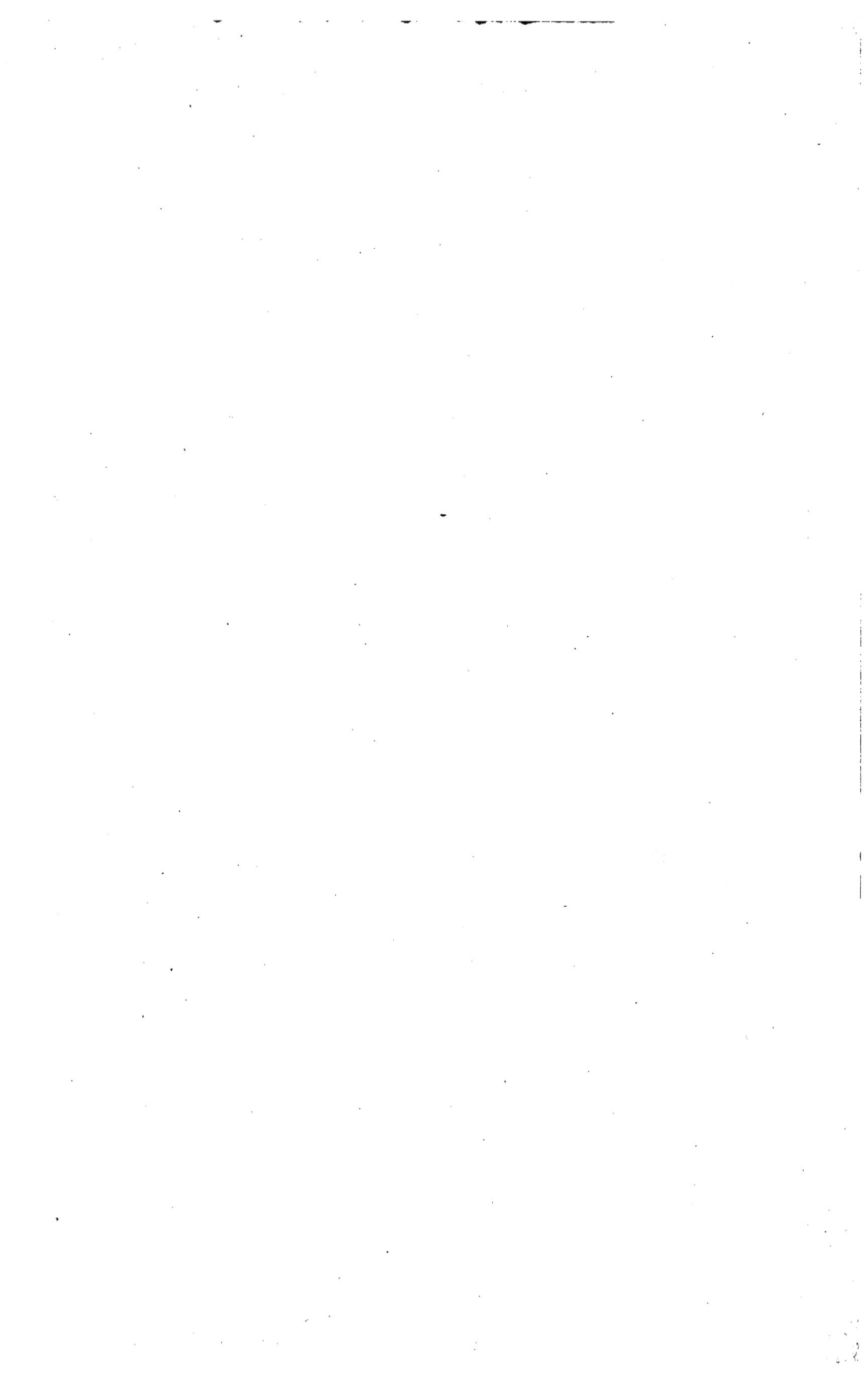

AVERTISSEMENT

Le présent opuscule, dédié aux étudiants en droit, a pour but de leur faciliter l'étude de la législation romaine et la préparation de leurs examens ; il embrasse les matières comprises dans le programme du premier examen de baccalauréat en droit et sera prochainement complété par la publication d'un second fascicule, présentant le résumé des matières du premier examen de licence.

Conformément au mode de procéder que j'ai suivi à l'égard du droit français, j'ai réuni en tableaux synoptiques les notions les plus indispensables qui, présentées à la mémoire sous une forme synthétique, s'y graveront plus aisément, et permettront, en outre, à l'étudiant de repasser en quelques heures la plus notable partie de ce qu'il doit savoir.

L'expérience m'a appris que ces tableaux, bien que laissant forcément de côté certains détails qui ne sauraient trouver place dans un travail de ce genre, peuvent être d'un grand secours aux élèves ; ils présentent notamment, pour ceux qui suivent les cours de l'école, mais ne savent pas toujours tirer un parti suffisant des utiles leçons qu'ils y ont reçues, l'avantage de leur fournir une sorte de canevas sur lequel il leur est facile de reconstituer les détails de l'enseignement de leurs professeurs.

J'espère que ceux à qui est destiné ce petit ouvrage y trouveront un auxiliaire journalier pour leurs travaux et un nouveau moyen de subir avec succès les épreuves qui leur sont imposées.

A. WILHELM,

RÉPÉTITEUR DE DROIT.

APERÇU HISTORIQUE.

Le droit romain se divise en quatre phases principales :

Droit classique ou *quiritaire* — basé sur la loi des douze tables, législation rigoureuse et littérale à l'excès.

Droit honoraire, prétorien ou formulaire — ensemble de modifications apportées, par des voies indirectes, au droit classique, afin d'en atténuer les rigueurs ou d'en rectifier les injustices.

Droit des empereurs — consécration et continuation, sous forme de constitutions impériales, de l'œuvre prétorienne modifiée par deux éléments nouveaux : les exigences de la politique impériale et l'avénement du christianisme.

Droit de Justinien contenu dans le *Corpus juris civilis*, ouvrage composé

- du *Code* — recueil de constitutions impériales ;
- du *Digeste* (ou des *Pandectes*) — compilation de décisions des jurisconsultes ;
- des *Institutes* — manuel de droit privé à l'usage de la jeunesse romaine ;
- des *Novelles* — constitutions nouvelles modifiant les textes précédemment énumérés.

LIVRE PREMIER.

Généralités et Divisions (TITRES 1 ET 2).

Justitia est constans et perpetua voluntas jus suum cuique tribuendi.
Le mot *Jus* signifie : ordre, faculté ou la loi en général.
Jurisprudentia est justi atque injusti scientia.
Juris præcepta sunt hæc : honeste vivere, alterum non lædere, suum cuique tribuere.

Le Droit se divise

d'après son objet, en

Droit public ou constitutionnel ;

Droit privé :
- Droit civil — propre aux membres d'une même cité ;
- Droit des gens — commun à tous les peuples ;
- Droit naturel — division impropre embrassant certains actes communs aux hommes et aux animaux.

d'après ses sources, en

Droit écrit :

lois
- *curiates* — votées dans les comices par curies — (œuvres de l'aristocratie de naissance) ;
- *centuriates* — votées dans les comices par centuries (œuvres de l'aristocratie d'argent).

Plébiscites
- votés dans les comices par tribus ;
- obligatoires, au début, pour les plébéiens seuls ;
- devenus de véritables lois à la fin de la république.

Constitutions impériales
- édits — ensemble de prescriptions générales ;
- rescrits, *subscriptiones, epistolæ* — solution d'un point de droit ;
- décrets — sentences de fait et de droit.

Sénatus-consultes — Prescriptions approuvées par le sénat.

Edits des magistrats
- *edictum perpetuum* — applicable pendant toute la durée d'une magistrature ;
- *edictum repentinum* — publié en vue d'une circonstance quelconque ;
- *edictum translatitium* — partie d'édit reproduite par tous les magistrats qui se succédaient ;
- *edictum novum* — dispositions innovées.

Réponses des prudents
- sans effet juridique jusqu'à Auguste ;
- prenant un caractère public sous Auguste et Tibère ;
- déclarés, par Adrien, obligatoires pour le juge quand elles étaient unanimes (*permissio jura condendi*).

Droit non écrit — usage, coutumes — applicables en l'absence d'un texte précis.

Divisions et Droits des personnes (Titres 3 et 4).

Les personnes se divisent en hommes

libres

ingénus
- enfants nés *ex justis nuptiis* ;
- enfants naturels d'une mère libre
  - au moment de son accouchement ;
  - à un moment quelconque de sa gestation (loi *mensia*) ;
- tombés en captivité et ayant bénéficié du *jus postliminii* ;
- affranchis ayant obtenu de l'empereur la *restitutio natalium*

affranchis
- sans famille ni patrimoine ;
- soumis aux droits de patronage
  - sur les personnes — *obsequia* ;
  - sur les biens — *jus peculii*.

libres

citoyens romains (1) jouissant du *jus civitatis* :
- *jus commercii* — droit de disposer des biens entre-vifs ;
- *testamenti factio* — droit de disposer et de recueillir par testament ;
- *jus connubii* — droit de contracter de justes noces ;
- *jus suffragii et honorum* — droits politiques.

latins anciens et coloniaires jouissant du *jus latii* :
- *jus commercii* ;
- *testamenti factio* ;
- facilités pour acquérir la cité romaine ;
- *jus suffragii et honorum* dans leur province.

pérégrins — régis exclusivement par le droit des gens.

pérégrins déditices
- sans existence politique ;
- ne pouvant approcher de Rome ;
- ne pouvant jamais obtenir la cité romaine.

esclaves
- par la naissance d'une mère esclave ;
- par la captivité dans une guerre régulière — exceptions :
  - la loi *Cornelia de falsis* répute le prisonnier mort à l'instant de sa chute en captivité ;
  - le *jus postliminii*, dont bénéficie tout captif qui rentre sur un territoire romain ou allié, annule rétroactivement tous les effets de la captivité.

par le droit civil

avant Justinien
- *fur manifestus* — supprimé par le préteur ;
- débiteur insolvable — tombé en désuétude ;
- omission sur les tables du cens — abrogé par Vespasien ;
- refus du service militaire — disparu sous Auguste avec le service obligatoire.

sous Justinien
- homme libre vendu frauduleusement comme esclave (2)
  - étant âgé de plus de 20 ans ;
  - mauvaise foi du vendeur et du vendu ;
  - bonne foi de l'acheteur ;
  - partage du prix.
- femme libre entretenant des relations avec l'esclave d'autrui malgré trois sommations (Disposition du sén.-cons. Claudien abrogée par Justinien).
- affranchi ingrat (innovation de l'empereur Commode)
  - affranchissem' spontané ;
  - ingratitude caractérisée par des actes ;
  - sentence du magistrat.
- condamnation infamante
  - à mort,
  - aux bêtes,
  - aux mines, } *servi pœnæ*.

---

(1) Le droit de cité a été étendu à l'Italie lors de la guerre sociale, à la Gaule par Claude, et à tout l'empire romain par Caracalla.

(2) Supprimé par l'empereur Léon.

Des Affranchissements (Titres 5 à 7).

L'affranchissement est un acte
- **public** — exigeant l'intervention de l'autorité.
- **privé** — exigeant que le maître soit
  - propriétaire *ex jure Quiritium*,
  - capable d'aliéner,
  - citoyen romain.
  - consentant, sauf
    - abandon d'un esclave malade ;
    - vente sous condition d'affranchissement ;
    - découverte, par l'esclave, du meurtrier de son maître ;
    - possession décennale de l'état d'homme libre.

Modes d'affranchissement
- **avant Justinien**
  - **modes solennels**
    - vindicte — acte de juridiction gracieuse ;
    - inscription sur les tables du cens — aboli par Vespasien ;
    - testament
      - *libertas directa (libertus orcinus)* ;
      - *libertas fidei commissaria.*
  - **modes non solennels** *per epistolam, inter amicos,* etc.
    - au début, sans effet juridique — plus tard la loi *Junia norbana* crée les Latins-Juniens, libres durant leur vie, jouissant presque intégralement du *jus Latii* et mourant esclaves.
- **sous Justinien**
  - **modes solennels**
    - vindicte,
    - testament,
    - dans les églises — introduit par Constantin.
  - **modes non solennels** *per epistolam, inter amicos,* codicille, etc.
    - devant cinq témoins
    - même effet que les modes solennels.

Entraves à la liberté d'affranchir
- **Loi Ælia Sentia**
  - **l'esclave**
    - doit avoir 30 ans au moins ou être affranchi par vindicte, avec juste cause approuvée ;
    - convaincu d'un délit pendant son esclavage, devient pérégrin déditice s'il est affranchi.
  - **le maître**
    - doit avoir 20 ans au moins ou prouver une juste cause et affranchir par la vindicte ;
    - (Justinien reporte ce délai à 17 ans puis à 14 ans par testament).
    - ne peut affranchir en fraude des droits de ses créanciers
      - nullité invocable
        - pendant dix ans,
        - par les créanciers seuls ;
      - nullité exigeant
        - *consilium fraudis,*
        - *eventus damni* ;
      - nullité inapplicable à l'esclave institué à défaut d'autre héritier et devenant héritier nécessaire.
- **Loi Furia Caninia**
  - applicable seulement aux affranchissements testamentaires ;
  - limitation du nombre suivant les cas aux 2/3, 1/2, 1/3, 1/4, 1/5 des esclaves possédés, sans que le chiffre puisse excéder 100 ;
  - obligations de désigner individuellement les affranchis
    - par leur nom,
    - ou par leurs fonctions.

Des diverses Puissances exercées sur les individus et de leurs sources

(Titres 8, 9 et 12).

I. La puissance dominicale

— issue du droit des gens, est, pour ce motif, accordée même aux pérégrins.

— s'étend
- sur la personne de l'esclave
  - sous la loi des douze tables, jusqu'au droit de vie et de mort ;
  - sous Auguste, la loi *petronia* interdit au maître de condamner son esclave aux bêtes ;
  - Antonin le Pieux assimile le meurtre sans cause d'un esclave au meurtre de l'esclave d'autrui ;
  - Justinien laisse au maître la *castigatio*, quelles qu'en soient les suites.
- sur les biens
  - toutes les acquisitions de l'esclave profitent à son maître ;
  - les pécules sont une tolérance de fait et non un droit.

— s'éteint par les divers modes d'affranchissement (Voir page 8).

— les esclaves se distinguent
- en fait, par leurs travaux — *ordinarius, peculiares, vicarii*.
- en droit, par leur capacité
  - *sine domino*
    - *servi pœnæ* / *derelicti* } sans aucune capacité civile ;
  - ordinaires — empruntant la capacité de leur maître ;
  - *publici* — possédant un pécule et pouvant en disposer pour moitié ;
  - *statu liberi* — esclaves affranchis sous condition.

II. La puissance paternelle

— issue du droit civil, n'est accordée qu'aux citoyens romains mâles.

— s'étend
- sur la personne des descendants
  - sous la loi des douze tables, jusqu'au droit de vie et de mort ;
  - Constantin assimile au parricide le crime du père qui tue son fils ;
  - l'abandon noxal est supprimé par Justinien ;
  - le droit de vente, successivement restreint, n'est plus permis par Constantin qu'au moment de la naissance de l'enfant.
- sur les biens
  - sous la république, toute acquisition profite au père ;
  - sous l'empire, ce résultat est corrigé par l'institution des pécules (Voir page 22) ;
- sur les enfants et descendants légitimes par les mâles ;
- sur les enfants légitimés ou adoptifs.

— résulte
- des justes noces,
- de la légitimation,
- de l'adoption.

— est organisée dans l'intérêt de celui qui l'exerce.

(*Voir à la page suivante les modes d'extinction de la puissance paternelle.*)

Des diverses Puissances (Suite).

La puissance paternelle s'éteint par

la mort du fils ou du père ;

la perte de la cité résultant de { l'interdiction de l'eau et du feu, avant Justinien ; la déportation, sous Justinien, sauf le cas de *restitutio in integrum.*

la perte de la liberté résultant de { la condamnation { aux bêtes, aux mines ; la captivité, sauf le *jus postliminii.*

l'élévation à certaines dignités : { *flamen dialis, Vestalis,* } dans l'ancien droit ; patrice, consul, préfet, évêque, etc. } dans le droit postérieur ; } toutefois les droits d'agnation sont maintenus a ۱ profit du fonctionnaire soustrait à l'autorité paternelle.

l'émancipation { dans l'ancien droit, réalisée comme l'adoption par la mancipation ; sous Anastase, par l'insinuation (transcription sur un registre) ; sous Justinien { par une déclaration devant le magistrat ; elle est révocable pour ingratitude.

l'adoption { avant Justinien, quel que soit l'adoptant ; sous Justinien, si l'adoptant est un ascendant.

la coemption par laquelle la femme change de *pater-familiâs.*

III. La *manus* (disparue sous Justinien)

s'étend sur les femmes mariées.

se constitue { *farreo* . cérémonie religieuse disparue sous Tibère ; *coemptione* { *matrimonii causâ* — la femme tombe *in manu mariti* ; *fiduciæ causâ* { la femme, affranchie en exécution d'un contrat de fiducie devient *sui juris* et acquiert le droit de tester ; *usu* sorte d'usucapion annale que trois nuits d'absence interrompaient.

a pour effets { la perte des droits d'agnation dans la famille naturelle ; l'assimilation de la femme mariée aux enfants de son mari *loco filiæ* ;

se dissout par toutes les causes qui entraînent dissolution { du mariage, de la puissance paternelle.

IV. Le *mancipium* (disparu sous Justinien

sorte de puissance dominicale s'exerçant sur l'homme libre.

résulte { de la vente d'un fils de famille par son *pater-familiâs* ; d'une mancipation par le *coemptionator* ;

a pour effets { de placer le mancipé *loco servi* ; de laisser au mancipé un certain droit aux égards et l'exercice de *l'actio injuriarum.* en cas d'affranchissement { de laisser l'émancipé ingénu ; d'attribuer à l'émancipateur les droits de patronage.

Se dissout par les modes d'affranchissement en usage pour la dissolution de la puissance dominicale.

Modes d'acquérir la puissance paternelle (Titres 10 et 11).

I. Justes noces

— formes
- contrat civil jusqu'à l'empereur Léon ;
  - sans solennité, sauf
    - la rédaction d'*instrumenta dotalia* pour les personnes illustres,
    - l'intervention d'un *defensor ecclesiæ* pour les autres.
    - (Double essai de Justinien, abrogé peu après).
- exigent, outre le consentement des intéressés, que l'épouse soit mise à la disposition de son époux.

— conditions requises
- aptitude physique
  - puberté — 14 ans pour l'homme ;
  - nubilité — 12 ans pour la femme.
  - avant Justinien, il n'y avait aucune présomption fixe.
- consentement
  - des époux (suivant quelques auteurs, il suffirait que l'épouse ne s'oppposât point).
  - du *pater-familias*, sauf en cas de :
    - démence du père ;
    - captivité du père, prolongée au-delà de trois ans ;
    - refus non motivé suivi d'autorisation du magistrat (Loi *Julia*).
  - de ceux qui sont susceptibles d'acquérir sur l'époux ou ses descendants la puissance paternelle (*ne cui invito suus hæres adnascatur*).
  - de la mère (sous Théodose)
    - si le père est décédé,
    - s'il s'agit du mariage d'une fille,
    - et si cette fille est mineure de vingt-cinq ans.
  - du patron pour le mariage de son affranchie.
- *connubium*
  - absolu — *jus connubii* — partie du *jus civitatis* accordée aux seuls citoyens romains.
  - relatif, ou envisagé entre deux individus, est enlevé par suite de
    - parenté civile ou naturelle
      - en ligne directe, à l'infini ;
      - en ligne collatérale — tant que l'un des parents est à un degré de l'auteur commun.
    - alliance
      - en ligne directe, à l'infini ;
      - en ligne collatérale — sans effet en droit classique ; au degré de beau-frère depuis Constance.
    - convenances sociales
      - entre un père et la fiancée de son fils ;
      - entre un époux divorcé et la fille de sa première femme ;
      - entre la femme adultère et son complice ;
      - entre la concubine du père et le fils ;
      - entre un tuteur, un curateur, leurs enfants et une pupille mineure de 25 ans, sauf le cas de fiançailles par le père de famille.
    - considérations politiques
      - entre patriciens et plébéiens — aboli en 310 ;
      - entre ingénus et affranchis — abrogé par les lois caducaires ;
      - entre un gouverneur et une femme de sa province ;
      - entre juifs et chrétiens — prescription edictée par Théodose et abrogée par Justinien.

— dissolution
- mort de l'un des époux — délai de veuvage de dix mois pour la femme qui, faute de l'observer, encourait l'infamie.
- perte de la liberté — même au cas d'usage du *jus postliminii*.
- divorce
  - libre au début, sauf le cas où il y a eu *confarreatio* ;
  - entouré de formalités par Auguste ;
  - restreint par Théodose à des causes déterminées.

Modes d'acquérir la puissance paternelle (Suite).

Diverses unions de l'homme et de la femme comparées au point de vue de leurs effets juridiques

justes noces
- égalité des époux qualifiés : *vir et uxor* ;
- obligation de fidélité — action d'adultère ;
- enfants qualifiés : *justi liberi* et protégés par la maxime : *pater is est quem nuptiæ demonstrant* ;
- constitution de dot et *donatio propter nuptias* ;
- *manus* sur la femme ;
- empêchent l'application des lois caducaires.

mariage du droit des gens (disparu sous Caracalla)
- inégalité des époux — *uxor injusta* ;
- domicile propre de la femme ; } situation inférieure aux justes noces.
- absence de puissance paternelle civile ; }
- obligation de fidélité ;
- dot ;
- enfants légitimes — *injusti liberi* — présomption : *pater is est...* ; } supérieure au concubinat
- dissolution par le divorce ou la mort.

concubinat (supprimé par Léon le Philosophe)
- absence de lien conjugal ;
- enfants dits : *naturales*, et suivant la condition de leur mère ;
- pas de dot ;
- pas d'égalité entre l'homme et la femme ;
- se dissout *ad libitum* ;
- peut, sous Justinien, servir de base à la légitimation.

Contubernium — union des esclaves — pur fait, sans portée juridique.

Stuprum
- relations passagères et immorales ;
- enfants qualifiés : *spurii* ou *vulgò concepti* ;
- impossibilité d'arriver à la légitimation.

II. Légitimation

ancien droit

causæ probatio
- applicable au Latin qui voulait acquérir la puissance paternelle ,
- quand son premier né était *anniculus* ;
- le rendait citoyen romain ainsi que sa femme.

erroris causæ probatio
- applicable au citoyen romain s'étant trompé sur la qualité de sa femme ;
- sauf le cas où la femme était affranchie déditice.

sous Justinien

mariage subséquent (entraînant réhabilitation morale de la mère)
- enfant né du concubinat ;
- mariage des père et mère possible lors de la conception ;
- rédaction d'un *instrumentum dotale* ;
- non opposition de l'enfant.

oblation à la curie ou mariage à un décurion — mode spécial au père.

rescrit du prince
- absence d'enfant légitime ;
- impossibilité d'épouser la mère.

testament moyennant le bon plaisir de l'empereur.

Modes d'acquérir la puissance paternelle (Suite).

III. Des adoptions.

Il y a deux sortes d'adoption :
- l'adoption proprement dite, portant sur un individu *alieni juris* ;
- l'adrogation, applicable à un *pater-familias* et réagissant sur tous ceux qui sont sous sa puissance.

Règles communes aux deux adoptions :
- Il doit y avoir au moins 18 ans (*plena pubertas*) de différence entre l'adoptant et l'adopté ;
- l'adopté doit être présent ;
- l'adopté peut être pris pour fils ou pour petit-fils (1).
- l'adoption est interdite
  - aux femmes, jusqu'à Dioclétien ;
  - aux castrats, jusqu'à Léon le Philosophe ;
  - aux esclaves, qui ne peuvent non plus être adoptés ;
- l'adoption ne comporte ni terme ni condition.

Règles spéciales

à l'adoption

formes
- avant Justinien
  - mancipation, qui, pour le fils, devait être renouvelée trois fois ;
  - suivie de *cessio in jure* ;
- sous Justinien
  - déclaration du père devant le magistrat ;
  - acte dressé pour constater l'adoption ;

effets
- avant Justinien
  - perte de l'agnation dans la famille naturelle ;
  - maintien de la cognation ;
  - acquisition de l'agnation dans la famille adoptive ;
- sous Justinien
  - si l'adoptant est un ascendant, l'adoption conserve ses anciens effets ;
  - si c'est un étranger, l'adopté conserve ses droits, ne change pas de famille et n'acquiert qu'un droit de succession sur les biens de l'adoptant.

à l'adrogation

formes
- au début
  - approbation par les pontifes ;
  - enquête ;
  - vote approbatif des comices par curies.
- à la fin de la république, les curies sont remplacées par trente licteurs ;
- à partir de Dioclétien, l'adoption a lieu par rescrit impérial.

effets
- sur les personnes — soumet à la puissance de l'adrogeant l'adrogé et tous ses descendants ;
- sur les biens — ils appartiennent à l'adrogeant
  - au début, en toute propriété ;
  - sous Justinien, en usufruit.

elle est inapplicable
- entre les mineurs de 25 ans et leur tuteur ;
- jusqu'à Dioclétien, aux femmes, parce que l'entrée des comices leur est interdite.
- aux impubères, jusqu'à Antonin le Pieux, qui décide que
  - si l'adrogé est émancipé pour un juste grief, ses biens lui sont rendus ;
  - s'il meurt impubère, ses biens sont rendus à sa famille naturelle ;
  - s'il est émancipé sans motif ou s'il est exhérédé, il a droit à ses biens et, en outre, au quart des biens de l'adrogeant (Quarte Antonine).

(1) Dans ce dernier cas, le fils doit consentir à l'adoption.

De l'Agnation (Titre 16).

L'Agnation est le lien civil qui unit deux citoyens romains qui ont été, sont ou auraient pu être sous la puissance d'un même *pater-familias*.

La perte des droits d'agnation

résulte de la *capitis deminutio*

maxima — perte de la liberté encourue sous Justinien par suite de Voir page 7).
- *servitus pœnæ* ;
- révocation d'affranchissement pour ingratitude ;
- vente *ad pretium participandum*.

media — perte de la cité par suite de
- interdiction de l'eau et du feu ;
- déportation (sous Justinien).

minima — perte de l'agnation par suite de
- *coemptio in manu*,
- adrogation,
- adoption. (Voir page 13).
- émancipation.

a pour effets

la perte de
- agnation,
- *gentilitas*,
- droits de patronage,
- droits d'usufruit et d'usage,
- droit résultant d'un contrat de société,
- l'annulation d'un testament antérieur ;

la libération des dettes ;

(effets abrogés sous Justinien.)

le maintien
- de la *cognatio* ou parenté naturelle,
- du droit d'habitation, lequel est réputé successif,
- de l'obligation naturelle de payer les dettes,
- de l'obligation civile résultant d'un délit,
- de l'action d'injures.

De la Tutelle (Titres 13 a 15, 17 a 26).

Sont en tutelle :
{ les impubères *sui juris* ;
{ les femmes à tout âge.

Il y a quatre sortes de tutelle des impubères :

testamentaire

- conférée
  - par le *pater-familiâs*.
  - sur
    - un héritier sien direct, même exhérédé ;
    - un posthume sien ;
    - un enfant émancipé (1).
  - à
    - tout individu ayant faction de testament avec le testateur, sauf aux femmes, fous, mineurs de 25 ans et Latins-Juniens.
    - l'esclave
      - du testateur
        - *cum libertate* — (clause sous-entendue sous Justinien) ;
        - *quum liber erit* — nomination nulle.
      - d'autrui
        - nomination nulle en principe ;
        - la clause fidéi-commissaire est sous-entendue sous Justinien.
- comportant l'apposition
  - d'un terme { initial ; { final ;
  - d'une condition { suspensive ; { résolutoire.

légitime

- des agnats
  - s'ouvre
    - quand le *pater-familiâs* n'a pas désigné de tuteur testamentaire ;
    - quand le tuteur désigné est mort ou *incapable de droit* { du vivant du testateur ; une fois entré en fonctions ;
    - quand la nomination, faite à terme ou sous condition résolutoire, est expirée.
  - est dévolue
    - aux agnats mâles les plus proches, comme conséquence du droit de succession ;
    - à défaut d'agnats, aux Gentils (2).
- des patrons
  - dérive de la loi des douze tables, comme conséquence du droit de succession ;
  - est dévolue { aux patrons et à leurs descendants ; { sur les affranchis et leurs descendants.
  - les femmes en sont exclues.
- des ascendants — est donnée à l'ascendant émancipateur.

fiduciaire

- est donnée au *manumissor ex mancipio* ;
- si ce *manumissor* est un ascendant, la tutelle est dite légitime.

dative (Atilienne ou Julio-Titienne)

- s'ouvre
  - à défaut de tuteur testamentaire, légitime ou fiduciaire ;
  - en attendant un tuteur testamentaire nommé sous condition ;
  - quand le tuteur est destitué ou excusé après son entrée en fonctions ;
  - quand il est fait prisonnier ou devient *incapable de fait* (fou, sourd, etc.).
- est déférée
  - à Rome
    - en vertu de la loi *Atilia*, par le préteur urbain assisté des tribuns ;
    - sous Claude, par les consuls, après enquête ;
    - sous Marc-Aurèle, par le *prætor tutelaris* ;
    - sous Justinien, par le préfet de la ville et le préteur.
  - en province
    - en vertu de la loi *Julia Titia*, par le gouverneur, après enquête, sur la présentation des magistrats municipaux ;
    - sous Justinien, sans enquête, par les magistrats municipaux, si la fortune du pupille ne dépasse pas 500 solides.

(1) La désignation du tuteur est purement et simplement confirmée par le magistrat, sans enquête.

(2) Les interprètes ne sont pas d'accord sur le sens du mot : *Gentiles* ; les uns y voient les membres d'une même *gens*; d'autres, les familles des patrons dans leurs rapports avec les descendants d'affranchis.

De la Tutelle (Suite).

n'a point à prendre soin de la personne du pupille, ni de son éducation.

Le tuteur

doit
- donner caution *rem pupilli salvam fore* — obligation
  - imposée aux tuteurs légitimes ou nommés sans enquête ;
  - dont sont dispensés les tuteurs testamentaires ou nommés après enquête ;
  - garantie, en cas de refus, par l'envoi en possession des biens du tuteur.
- administrer en bon père de famille ;
- faire tous actes conservatoires ;
- vendre ce qui est sujet à dépérissement.

peut, comme tout mandataire, faire seul tous actes à titre onéreux, sauf (1)
- la vente des immeubles ruraux ou suburbains (Septime Sévère) ;
- et celle des meubles précieux (Constantin).

ne peut faire aucun acte à titre gratuit.

agit en complétant la *personne juridique* (2) du pupille
- s'il s'agit de rendre pire la condition de ce dernier ;
- s'il s'agit d'un acte solennel dans lequel le concours personnel du pupille est nécessaire, pourvu qu'il soit sorti de *l'infantia* (3).

agit seul si le pupille est *infans*
- pour l'acceptation d'hérédité, depuis Théodore et Valentinien ;
- pour l'action en justice, sous Justinien.

Le pupille agissant seul

- à 7 ans, peut rendre sa condition meilleure mais non pire.
- s'il souscrit à cet âge un acte à titre onéreux
  - oblige envers lui son contractant ;
  - ne s'oblige qu'en tant qu'il s'est enrichi.
- à l'approche de la puberté, peut s'obliger par son délit.

La tutelle prend fin

du fait du pupille
- par la puberté ;
- par la *capitis deminutio*
  - *maxima,*
  - *media,*
  - *minima ;*
- par la mort du pupille ;

du fait du tuteur
- par la *capitis deminutio*
  - *maxima,*
  - *media,*
  - *minima,* pour les tutelles légitimes (effet abrogé par Justinien) ;
- par la mort ;
- par l'arrivée d'un terme ou d'une condition résolutoire ;
- par la destitution du tuteur ;
- par la survenance d'un cas d'excuse.

La reddition de compte du tuteur donne naissance à trois actions :
- *actio tutelæ directa* — si le tuteur est reliquataire envers le pupille ;
- *actio tutelæ contraria* — si le pupille est reliquataire envers le tuteur ;
- *actio de rationibus distrahendis* — dirigée contre le tuteur infidèle.

Le *Crimen suspecti*
- entraîne l'infamie, sauf contre l'incapable, l'ascendant ou le patron ;
- est intenté par toute personne, sauf le pupille impubère ;
- suspend tout droit d'administration ;
- est poursuivi
  - à Rome, devant le préteur ;
  - en province, devant les présidents ou les lieutenants du proconsul ;
- constitue une action criminelle jugée, sans formule, par le magistrat.

---

(1) Dans ces deux cas, un décret du magistrat est nécessaire.

(2) C'est dans ce sens que les *institutes* disent : *Tutor personæ datur, non rei.*

(3) Avant cette époque, on était contraint d'attendre que le pupille eût l'âge requis malgré les inconvénients pouvant résulter notamment de l'*usucapio lucrativa pro herede.*

Tutelle des Femmes.

les femmes *sui juris*

sont en tutelle :
- testamentaire par la volonté,
  - du *pater-familias*
  - du mari
    - qui nomment directement le tuteur ;
    - ou lèguent à la femme l'*optio tutoris*
      - *plena*,
      - *angusta*.
- légitime des agnats, des patrons, de l'ascendant émancipateur (cette tutelle est un droit cessible quant à l'exercice) ;
- fiduciaire du *manumissor extraneus* (tutelle incessible, car elle n'est pas imposée).

administrent elles-mêmes — il ne leur est pas rendu de comptes ;

peuvent aliéner leurs *res nec mancipi* ;

ont besoin de l'*auctoritas* de leur tuteur
- pour intenter un procès de droit civil ;
- pour contracter une obligation ;
- pour faire un acte de droit civil.

Les lois caducaires dispensent de tutelle
- l'ingénue mère de 3 enfants ;
- l'affranchie mère de 4 enfants.

Claude supprime la tutelle légitime des agnats sur les femmes.
Théodose fait disparaître la tutelle des femmes.

De la Curatelle.

La curatelle

- répond à une incapacité accidentelle ou anormale ;
- est légitime ou honoraire, mais jamais testamentaire ;
- est caractérisée par un *consensus* qui peut intervenir avant, pendant ou après l'acte.

est applicable :
- aux fous (1) et aux prodigues (légitime ou honoraire) ;
- aux insensés, aux sourds-muets (honoraire seulement) ;
- aux pupilles, quand leur tuteur est momentanément incapable pour une cause de fait ou de droit ;
- aux mineurs de 25 ans (2), (tutelle prolongée)
  - loi *plœtoria* — *redditis causis* ;
  - Marc-Aurèle — *non redditis causis* ;
  - sur la demande des tiers, en cas de
    - procès,
    - paiement,
    - reddition de compte ;
  - excepté à ceux qui obtiennent de l'empereur la *venia œtatis*.

est assujettie aux mêmes règles que la tutelle pour la satisfaction et les excuses ;
en outre, le tuteur d'un impubère n'est point tenu d'accepter la curatelle de son ex-pupille.

Principaux cas d'excuse
- nombre d'enfants : 3 à Rome, 4 en Italie, 5 dans les provinces ;
- gérance de trois tutelles ou curatelles différentes ;
- absence pour le compte de l'Etat ;
- administration des biens du trésor public ;
- exercice d'une magistrature ;
- exercice d'une profession libérale ;
- procès capital (sous Justinien, tout procès) avec le pupille ;
- contestation de l'état de tuteur par le père du pupille ;
- inimitié, haine capitale entre le père et le tuteur ;
- pauvreté, maladie, âge de soixante-dix ans ;
- minorité de 25 ans — (sous Justinien ils sont, non excusés, mais incapables d'être tuteurs, même légitimes).

Les excuses doivent être présentées au magistrat qui nomme les tuteurs dans un délai de 50 jours, susceptible d'être augmenté si le tuteur réside à plus de quatre cent milles.

---

(1) Les fous sont incapables de concourir à n'importe quel acte.

(2) La curatelle des mineurs de 25 ans avait pour but de fortifier leur crédit en mettant ceux qui traitaient avec eux à l'abri, tant de l'action en nullité résultant de l'accusation de tromperie, que de la *restitutio in integrum* accordée par le préteur à tout mineur de 25 ans lésé par un acte valable en droit civil.

LIVRE II.

Divisions des Choses (Titres 1 et 2).

On nomme chose tout ce qui a une utilité pour l'homme.

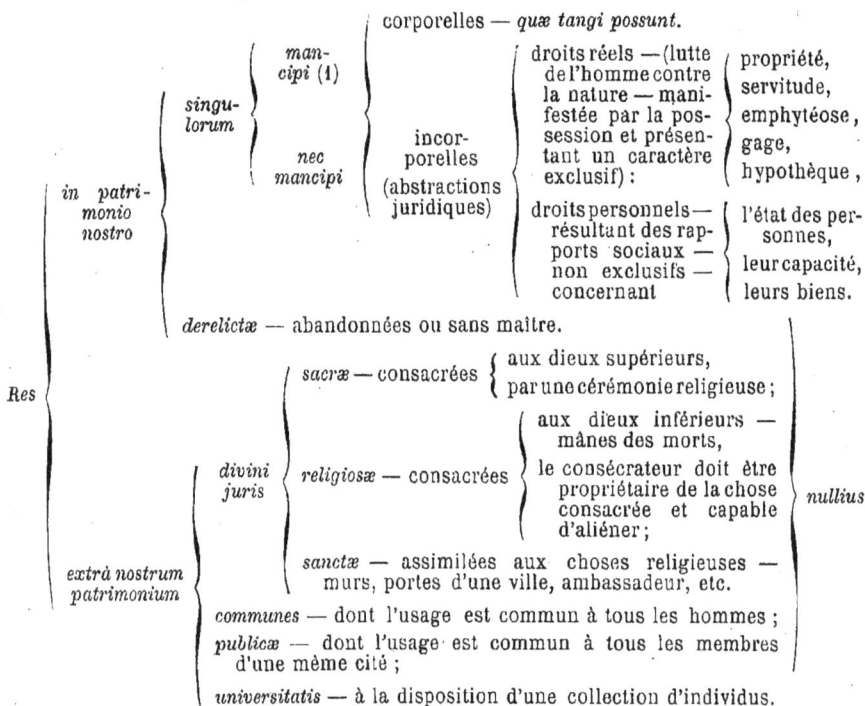

Res

in patri-monio nostro

singu-lorum

man-cipi (1)

nec mancipi

corporelles — *quæ tangi possunt.*

incor-porelles (abstractions juridiques)

droits réels —(lutte de l'homme contre la nature — manifestée par la possession et présentant un caractère exclusif) :

propriété, servitude, emphytéose, gage, hypothèque,

droits personnels— résultant des rapports sociaux — non exclusifs — concernant

l'état des personnes, leur capacité, leurs biens.

derelictæ — abandonnées ou sans maître.

extrà nostrum patrimonium

divini juris

sacræ — consacrées

aux dieux supérieurs, par une cérémonie religieuse ;

religiosæ — consacrées

aux dieux inférieurs — mânes des morts, le consécrateur doit être propriétaire de la chose consacrée et capable d'aliéner ;

sanctæ — assimilées aux choses religieuses — murs, portes d'une ville, ambassadeur, etc.

nullius

communes — dont l'usage est commun à tous les hommes ;

publicæ — dont l'usage est commun à tous les membres d'une même cité ;

universitatis — à la disposition d'une collection d'individus.

Les modes d'acquérir la propriété se divisent en modes

du droit des gens, du droit civil ;

entre-vifs, à cause de mort ;

à titre particulier, à titre universel.

---

(1) Un professeur en a récemment donné la définition suivante : « Les choses *mancipi* sont celles que l'on peut acquérir par les modes du droit civil, y compris la mancipation, et par les modes du droit des gens, excepté la tradition. Les choses *nec mancipi* sont celles qui peuvent être acquises par les modes du droit civil, excepté la mancipation, et par les modes du droit des gens, y compris la tradition ».

Modes d'acquérir la propriété (Titre 1).

Modes

du droit des gens

- **occupation**
  - pour les choses { *nullius* et susceptibles d'être acquises ;
  - réalisée par une prise de possession { *corpore et animo.*

- **accession**
  - **des fruits acquis**
    - au possesseur *animo domini,* de bonne foi ;
    - au propriétaire,
    - à l'usufruitier,
    - par la séparation de l'objet producteur ou la perception.
  - **sur les immeubles**
    - **par le fait de l'homme**
      - **constructions**
        - sur son terrain, avec les matériaux d'autrui, de bonne ou de mauvaise foi — démolition inexigible — *actio de tigno juncto ;*
        - sur le terrain d'autrui, avec ses matériaux, de bonne foi — *jus retentionis* et *exceptio doli mali.*
      - **plantations**
        - mêmes règles.
        - l'accession résulte de la pousse des racines ;
        - l'*actio de tigno juncto* est remplacée par l'*actio in factum.*
    - **sans le fait de l'homme**
      - alluvion — appartient au propriétaire de l'*ager non limitatus,* ou au premier occupant si l'*ager* est limité.
      - terrain transporté — peut être réclamé par le propriétaire jusqu'à ce que les arbres s'enracinent.
      - îles — acquises aux riverains propriétaires d'un *ager non limitatus.*
      - changement de lit d'un fleuve. — accession de l'ancien lit au profit des riverains — le second lit devient chose publique ;
      - inondation — accident ne changeant rien à la propriété.
  - **sur les meubles**
    - **spécification (1)**
      - sabiniens — *materia dat esse rei* } *actio furti,*
      - proculiens — *forma dat esse rei* } *in factum, ad exhibendum.*
    - adjonction — la chose principale en valeur, utilité et volume l'emporte,
    - confusion des liquides — co-propriété indivise, sauf le cas où il y a spécification,
    - mélange — mêmes règles.

- **tradition**
  - droit de propriété, volonté et capacité d'aliéner chez le vendeur ;
  - volonté et capacité d'acquérir chez l'acheteur.

du droit civil

- mancipation — applicable aux choses *mancipi ;*
- *cessio in jure* — applicable aux choses *mancipi* et *nec mancipi ;*
- tradition — avec juste cause — pour les choses *nec mancipi ;*
- usucapion — pour les choses *mancipi* et *nec mancipi ;*
- adjudication { *familiæ erciscundæ, communi dividundo, finium regundorum,* } pour les choses *mancipi* et *nec mancipi ;*
- la loi — notamment les lois caducaires (*Julia et Papia Poppæa*).

---

(1) Justinien décide que le propriétaire de la matière conserve l'objet transformé si l'on peut le ramener à l'état primitif ; dans le cas contraire, il appartient au spécificateur.

Des Servitudes (Titres 3 a 5).

Les Servitudes sont { réelles ou prédiales — inhérentes aux immeubles ;
personnelles — constituées en vue des personnes.

I. Les Servitudes prédiales

se divisent en

rurales

- *iter*
- *actus* } droit de passage plus ou moins étendu.
- *via*
- *aquæ ductus* — droit d'aqueduc ;
- *aquæ haustus* — droit de puiser de l'eau ;
- *pecoris ad aquam appulsus* — droit d'abreuver les troupeaux ;
- *jus pascendi pecoris* — droit de pacage ;
- *jus calcis coquendæ* — droit de fabriquer le plâtre ;
- *jus arenæ fodiendæ* — droit d'exploiter une carrière ou une mine.

urbaines

- *oneris ferendi*
- *tigni immitendi* { appui de constructions — oblige celui qui y est soumis à entretenir le mur de soutien.
- *stillicidii vel fluminis recipiendi vel avertendi* (1) — écoulement de l'eau des toits ;
- *altius tollendi vel non tollendi* (1) — élévation des constructions,

s'acquièrent par

suivant le droit civil par

- *mancipatio* — mode spécial aux servitudes rurales ;
- *cessio in jure* ;
- adjudication { *familiæ erciscundæ* — partage entre cohéritiers / *communi dividundo* — licitation d'un bien indivis / *finium regundorum* — action en bornage
- testament ;
- usucapion.

suivant le droit prétorien par

- quasi-tradition ;
- rétention ou réserve lors de la translation de propriété ;
- *quasi possessio longi temporis* : adjudication dans les instances non légitimes.

sous Justinien par

- quasi-tradition ;
- rétention ou réserve — *deductio servitutis* ;
- adjudication — dans une instance légitime ou non ;
- legs dans un testament ;
- *prescriptio longi temporis* exigeant trois conditions : { quasi-possession, juste cause, absence de vice { *nec vi*, *nec clam*, *nec precario*.

s'éteignent par

non usage

pendant { pendant deux ans (ancien droit) / dix ans entre présents / vingt ans entre absents } sous Justinien } à compter { du dernier acte régulier fait par qui que ce soit *domini nomine* ; d'un acte contraire — *usucapio libertatis*.

- perte, destruction ou transformation d'un des fonds, sauf rétablissement ;
- confusion, sauf le cas de vente partielle (*nemini res sua servit*) ;
- renonciation du propriétaire du fonds dominant ;
- résolution du droit du constituant (*resoluto jure dantis, resolvitur jus accipientis*).

___

(1) On explique ces servitudes contradictoires par l'existence de sortes de servitudes légales que l'on suppose avoir existé en matière de construction d'édifices et d'écoulement des eaux, et dont on s'affranchissait en acquérant une servitude contraire.

Des Servitudes (Suite).

II. Les servitudes personnelles se divisent en

usufruit

- **constitué**
  - **avant Justinien par**
    - *in jure cessio* — entre-vifs ;
    - **legs**
      - direct de l'usufruit — l'héritier reste nu-propriétaire ;
      - direct de la nu-propriété — l'héritier reste usufruitier ;
      - de l'usufruit à un tiers et à un autre de la propriété, *deducto usufructu.*
    - quasi-tradition — innovation du préteur sanctionnée par l'action publicienne.
  - **sous Justinien par**
    - tradition ;
    - legs avec action réelle ;
    - la loi, qui donne au père l'usufruit du pécule adventice de son fils ;
    - fidéi-commis ;
    - pactes et stipulations, à défaut de droit direct ;
    - prescription de dix et vingt ans (point controversé).
- **donne droit**
  - sur les choses corporelles non consommables par le premier usage.
  - aux services de la chose — utilités qu'elle produit sans s'amoindrir ;
  - **aux fruits**
    - produits périodiques d'une chose d'après sa destination ;
    - naturels — acquis par la perception ;
    - civils — acquis jour par jour.
- **entraîne l'obligation de**
  - jouir en bon père de famille,
  - dénoncer toute usurpation au propriétaire,
  - exercer les servitudes,
  - entretenir le fonds,
  - payer les frais des procès,
  - payer les impôts de la jouissance,
  - donner caution — innovation prétorienne.
- **s'éteint par**
  - mort de l'usufruitier ;
  - *capitis deminutio*, même *minima* avant Justinien ;
  - perte ou transformation de la chose ;
  - non-usage ;
  - consolidation ;
  - renonciation au profit du nu-propriétaire ;
  - arrivée du terme ou de la condition ;
  - résolution du droit du constituant.

quasi-usufruit

- institué sous Tibère ;
- **constitué**
  - sur les choses consommées par premier usage ;
  - sur les choses incorporelles ;
  - par testament ;
- entraîne translation de propriété et déplacement des risques ;
- ne s'éteint pas par la perte fortuite — la restitution est garantie par des fidéjusseurs,

usage

- consistant au début dans le *nudus usus* ;
- étendu à la perception des fruits nécessaires à la consommation personnelle de l'usager ;
- constitué comme l'usufruit, sauf par la loi.

habitation

- succession de droits naissant jour par jour ;
- droit jamais éteint par le non-usage, ni par la *minima capitis deminutio* ;
- consistant dans l'usage personnel d'une maison ;
- devenu l'usufruit d'une maison sous Justinien qui permet de la louer.

De l'Usucapion et de la Prescription (Titre 6).

L'usucapion

est une institution de droit civil ;

s'applique
- aux droits corporels et aux choses susceptibles de propriété quiritaire ;
- dans deux cas
  - lorsqu'une chose *mancipi* a été livrée par simple tradition,
  - lorsqu'une chose quelconque a été acquise à *non domino* ;

emporte translation de la propriété quiritaire telle qu'elle existait dans les mains du précédent propriétaire ;

exige cinq conditions

juste titre
- acte qui révèle chez le précédent possesseur l'intention d'aliéner ;
- l'erreur de fait, étrangère au possesseur, est seule admise.

bonne foi
- croyance que l'on a traité avec le propriétaire ;
- nécessaire au début de la possession ;

possession
- en matière de vente, elle doit exister au moment du contrat et de la tradition ;
- *corpore* — par soi-même ou par autrui ;
- *animo* — l'intention doit exister chez celui qui veut usucaper.

délai légal
- un an pour les meubles, deux ans pour les immeubles ;
- pouvant s'accomplir, *pendente lite*, tant qu'il n'y a pas interruption de fait ;
- continué tel que par le successeur à titre universel ;
- continué ou commencé, suivant son intérêt, par le successeur à titre particulier.

absence de vice
- chose hors du commerce,
- chose volée,
- immeuble occupé par violence, } Lois *Julia* et *Plautia* ;
- biens des femmes en tutelle,
- biens des impubères.

est dispensée de juste titre et de bonne foi dans
- l'*usucapio lucrativa pro herede* — accomplie par un an — abrogée par Adrien et Marc-Aurèle ;
- l'*usureceptio* dans le cas d'aliénation, avec contrat de fiducie, d'un objet donné en dépôt ou en gage ;
- l'*usureceptio ex prædiaturá*, si le gage avait été donné au trésor.

Præscriptio longi temporis
- introduite par le droit prétorien ;
- exige juste titre et bonne foi ;
- s'accomplit par dix ou vingt ans, avec interruption *litis contestatione* ;
- s'applique à tous biens et à toutes personnes ;
- confère la propriété bonitaire pleine et entière ;
- donne une exception au début, plus tard une action utile.

Præscriptio longissimi temporis — éteint toute action
- après trente ans ;
- sans juste titre ni bonne foi.

Sous Justinien
- les meubles se prescrivent par trois ans ;
- les immeubles se prescrivent par dix ou vingt ans ;
- la prescription entraîne acquisition de la propriété pleine et entière ;
- les autres règles de l'usucapion du droit civil sont maintenues ;
- la prescription trentenaire est maintenue telle que.

Des Donations (Titre 7).

La donation
- est une cause légitime d'acquisition impliquant
  - intention de donner ;
  - enrichissement du donataire ;
  - appauvrissem^t du donateur.
- exige le consentement du donataire.

entre-vifs
- est réalisée
  - par un mode quelconque de translation de propriété ;
  - par tout autre moyen (remise de dette, abandon de servitude, etc.)
- le consentement seul
  - déclaré inopérant par le droit civil ;
  - est reconnu suffisant par Antonin pour créer une obligation entre ascendants et descendants ;
  - donne à toute personne, sous Justinien, la *condictio ex lege*, moyennant un pacte légitime.
- est restreinte
  - par la loi *Cincia*, à un taux maximum, inapplicable à la famille (le donataire, non payé était repoussé par une exception).
  - par l'insinuation, exigée, par Constantin, au-delà de 200 solides et, par Justinien, au-delà de 500 solides, sauf les donations de charité (le donateur pouvait revendiquer ce qu'il avait payé en excédant).
- produit un effet actuel, sauf le terme ou la condition.
- est irrévocable sauf quatre cas :
  - clause contraire permettant au donateur de revenir sur sa donation.
  - inexécution des charges
    - avec effet rétroactif opposable aux tiers ;
    - la poursuite peut être dirigée contre les héritiers du donataire par ceux du donateur ;
    - la chose ou le prix peuvent être revendiqués.
  - ingratitude
    - sous l'empereur Philippe, entre patrons et affranchis ;
    - sous Constantin, entre ascendants et descendants ;
    - sous Justinien
      - entre toute personne, *certis ex causis* ;
      - sans effet rétroactif ;
      - inapplicable aux héritiers du donataire ;
      - peut être continuée, mais non intentée par les héritiers du donateur.
  - survenance d'enfants — entre patrons et affranchis seulement.

à cause de mort
- libéralité faite en vue de la mort du disposant et d'un danger déterminé ou non ;
- est toujours révocable et devient caduque par le prédécès du donataire ;
- est susceptible de toutes les modalités (condition, etc.) ;
- est toujours conditionnelle sous un rapport, le prédécès du donateur.

entre époux
- permise, mais inusitée dans le droit civil, par suite de la *manus* ;
- interdite par la coutume, lorsque la *manus* tomba en désuétude ;
- était applicable
  - *exilii*, *divortii* ou *mortis causâ* ;
  - aux dons de revenus ;
- est valable sous Justinien, si l'époux donateur meurt sans l'avoir révoquée.

Dot
- don au mari par la femme, les siens ou un étranger, sous condition de mariage ;
- spéciale au mariage sans *manus* ;
- est constituée avant ou pendant le mariage
  - par les modes translatifs de propriété,
  - par la *dictio dotis*, la stipulation ou tout autre moyen.
- est permise entre époux et dispensée d'insinuation ;
- est restituée
  - à la femme survivant à la dissolution du mariage ;
  - à défaut de la femme
    - la dot profectice, à l'ascendant donateur,
    - la dot adventice, au mari,
    - la dot réceptice, aux héritiers de la femme ;
  - sous Justinien, sans distinction de provenance, à la femme ou à ses héritiers.

donation à cause de noces
- don fait à la femme par son mari ou par un tiers ;
- introduite par l'usage sous les empereurs chrétiens ;
- est définitivement acquise à la femme
  - en cas de déconfiture du mari ;
  - si le mari donne lieu au divorce
- est restituée au mari ou à ses héritiers lors de la dissolution du mariage.

De la Capacité d'aliéner et de l'Acquisition (Titres 8 et 9).

En principe, pour aliéner une chose, il faut en être propriétaire.

le mari, qui ne peut
- en vertu de la loi *Plautia* :
  - aliéner *invitâ uxore*
  - hypothéquer *etiam volente*
  — un immeuble dotal situé en Italie.
- sous Justinien :
  - ni aliéner
  - ni hypothéquer
  — un fonds dotal quelconque, *etiam volente uxore.*

1re exception : sont propriétaires et ne peuvent aliéner :

le pupille
- s'il fait un *mutuum*
  - a droit de revendiquer les écus, tant qu'ils existent en nature.
  - autrement, a :
    - en cas de bonne foi, la *condictio certi;*
    - en cas de mauvaise foi, l'*actio ad exhibendum.*
- s'il a reçu un paiement
  - seul
    - a acquis le prix ;
    - le débiteur n'est libéré que si le pupille a profité du paiement.
  - avec son tuteur
    - avant Justinien, le débiteur est libéré, sauf la *restitutio in integrum*, si le tuteur est insolvable.
    - sous Justinien, le débiteur est libéré, s'il y a autorisation du magistrat.
- s'il paie une dette — mêmes règles que pour le *mutuum.*

le mineur de 25 ans / le fou / le prodigue qui sont, sous le rapport de l'aliénation, dans la situation de l'impubère.

2o exception : ne sont pas propriétaires et peuvent aliéner :
- le créancier gagiste qui peut, en vertu d'une clause spéciale, vendre l'objet donné en gage après trois sommations faites au propriétaire (1)
- les tuteurs et curateurs, dans certains cas, pour les biens de leurs pupilles.

on acquiert

la propriété, même à son insu, par

la puissance paternelle — tout ce qu'acquiert un fils de famille appartient à son père, sauf ce qui a trait aux pécules
- *profectice* — séparation factice et révocable — partie du patrimoine paternel.
- *castrense* — créé sous Auguste — dot militaire — le fils en a la libre disposition ;
- *quasi-castrense* — créé par Constantin — dot à l'occasion de fonctions civiles — mêmes droits que sur le précédent ;
- *adventice* — provenant de la succession *ab intestat* de la mère et, plus tard, *aliunde quam ex re patris* — l'usufruit appartient au père qui en conserve le tiers en cas d'émancipation.

la *manus* ; le *mancipium* ; puissances disparues sous Justinien.

la puissance dominicale
- l'esclave possédé
  - par un seul, acquiert tout à son maître ;
  - par indivis, acquiert à chacun de ses maîtres, sauf le cas où l'acquisition a lieu par le fait de l'un d'eux.
- l'esclave appartenant
  - à un usager, lui acquiert *ex re suâ;*
  - à un usufruitier, *ex re suâ et ex operis servi;*
  - à un nu-propriétaire, lui acquiert tout ce qui n'est pas fruit.

l'esclave putatif ou *in bonis.*

à titre universel, l'acquisition n'a lieu que par ordre à cause de la contribution aux dettes.

la possession, si l'on a l'*animus domini*
- par ceux qui nous acquièrent la propriété ;
- par un homme libre et *sui juris*, notre mandataire ;
- par l'*auctoritas* du tuteur qui, sous Justinien, remplace la volonté de l'*infans* (l'usucapion ne peut courir que du moment où le maître a connaissance du fait de la possession).

---

(1) Dans l'ancien droit, la propriété du gage était transférée par mancipation ou par tradition, et la restitution, en cas de paiement, était garantie par un contrat de fiducie, d'où l'*usureceptio.* (Voir page 22.)

Des Testaments (TITRES 10 ET 11).

Le testament est un acte par lequel un individu dispose de l'ensemble de ses biens pour le moment où il ne sera plus.

L'héritier est le continuateur de la personne du défunt.

formes du testament

calatis comitiis
- loi des comices par curies ;
- réservé aux seuls patriciens ;
- possible seulement à Rome et deux fois par an.

in procinctu — l'armée y remplissait le rôle du peuple dans les comices ;

per æs et libram
- vente directe d'hérédité — effet irrévocable et non secret ;
- vente à un acheteur fictif avec contrat de fiducie assurant la restitution à un héritier.

nuncupatif (1) — déclaration devant sept témoins — effet non secret et confié à leur mémoire ;

prétorien — tablettes écrites présentées à sept témoins et signées d'eux (*subscriptio*) ;

tripartite
- fait *uno contextu* — emprunt au droit civil ;
- signé de sept témoins (*subscriptio*) — emprunt au droit prétorien ;
- scellé de leur cachet et de leur signature (*adscriptio* ou *superscriptio*) — emprunt aux constitutions impériales.

Justinien oblige le testateur à écrire lui-même ou à déclarer le nom de l'héritier. au bas empire, les testaments nuncupatif et tripartite subsistent seuls.

Les témoins doivent avoir faction de testament avec le testateur (voir page 26).

le testament militaire

est valable
- dans l'ancien droit, indéfiniment ;
- sous Justinien, pendant la durée de l'expédition et un an après.

peut être fait
- par un fils de famille pour son pécule *castrense* ;
- avec l'apposition d'un terme initial ou final ;
- en faveur de tous individus, même pérégrins ou déportés.

est dispensé
- de la règle : *nemo partim testatus partim intestatus decedere potest.*
- de la nécessité d'exhérédation expresse des héritiers siens (voir page 29) ;

n'est pas détruit par un testament postérieur — les deux sont exécutés ainsi que les codicilles tant qu'ils ne sont pas inconciliables.

l'institution d'héritier

dans l'ancien droit
- était *caput testamenti* ;
- pouvait être précédée d'une exhérédation et d'une *datio tutoris* ;
- devait être faite sous forme impérative ;

sous Justinien, est dispensée de toute forme sacramentelle.

---

(1) *Nuncupare est palam nominare* — Gaïus.

De la Testamenti factio (Titres 12 et 14).

La *testamenti factio* est
- *activa*
  - droit de tester ;
  - droit de concourir comme témoin à la confection d'un testament.
- *passiva* — droit d'être institué héritier.

I. — De la *Testamenti factio activa*.

Le droit de tester

est accordé

aux citoyens romains
- *suijuris*, excepté
  - aux impubères,
  - aux fous, sauf les intervalles lucides,
  - aux prodigues,
  - aux sourds-muets (sous Justinien, de naissance),
  - aux aveugles (1), suivant les formes écrites.
  - aux *intestabiles* — individus condamnés pour
    - adultère,
    - concussion,
    - diffamation.
  - aux apostats et aux hérétiques, dans le dernier état du droit.
- *alieni juris* pour les pécules
  - *castrense,*
  - *quasi-castrense,*
  - *profectice.*

aux latins anciens et coloniaires ;

aux femmes *sui juris*
- affranchies, à toute époque — d'où la *coemptio testamenti faciendi gratiâ* ;
- ingénues, depuis Adrien, avec le consentement de leur tuteur.

aux *servi publici* pour la moitié de leur pécule.

est refusé

aux pérégrins
- déditices,
- ordinaires ;

aux Latins-Juniens — leurs biens retournent à leur maître *jure peculii* ;

aux esclaves ;

aux fils de famille, pour leur pécule adventice, dont ils peuvent cependant disposer par donation à cause de mort.

La capacité doit exister chez le testateur

- en droit civil, lors de la confection du testament, de la mort du testateur, de l'arrivée de la condition, de l'adition d'hérédité et dans l'intervalle ;
- en droit prétorien, aux mêmes époques, mais avec intermittence possible ;
- sous les constitutions impériales, la règle prétorienne est adoptée ;
- dans tous les états du droit, la capacité existant au moment de la confection du testament n'est détruite que par la *capitis deminutio.*

Si le testateur est fait prisonnier

- et meurt chez l'ennemi, il est réputé mort à l'instant où il a été pris (Loi *Cornelia de falsis*) ;
- et revient, son testament est validé par le *postliminium.*

Le droit d'être témoin d'un testament appartient

aux citoyens romains, excepté
- aux femmes ;
- à ceux qui n'ont pas l'exercice du droit de tester (fous, prodigues, etc.) ;
- à ceux qui sont rattachés par un lien de puissance
  - au testateur,
  - à l'héritier.

aux latins
- anciens,
- coloniaires,
- juniens.

la capacité doit exister au moment de la confection du testament seulement.

---

(1) Les aveugles purent toujours tester sous la forme nuncupative et furent autorisés par Justin à tester de toute autre façon avec l'assistance d'un *tabularius* ou d'un huitième témoin.

II. — De la *Testamenti factio passiva*.

ont la faction passive
- les citoyens romains, quels qu'ils soient ;
- les latins anciens et coloniaires ;
- les posthumes dans le dernier état du droit ;
- les esclaves dont les maîtres ont la capacité voulue.

ont la faction passive, mais ne peuvent recueillir
- les Latins-Juniens (loi *Norbana*) ;
- les *cœlibes* (loi *Julia*) ;
- les *orbi* (loi *Pappia Poppœa*) privés de la moitié de leur part

  } Lois caducaires promulguées sous Auguste, abrogées par Constantin.
- le *jus capiendi* peut se réaliser lors du décès, de l'arrivée de la condition ou dans les cent jours qui suivent le *dies venit* (1)

n'ont pas la faction de testament
- les pérégrins ordinaires et déditices ;
- les esclaves sans maître ou dont le maître n'a pas faction de testament ;
- les personnes incertaines ou indéterminées (2) ;
- les temples jusqu'à Constantin ;
- les municipalités jusqu'à Léon le Philosophe ;
- les femmes auxquelles la loi *Voconia*, abrogée par Justinien, interdisait d'être instituées par un citoyen porté sur la 1re classe du cens.

l'institution d'un esclave

par son maître
- emporte affranchissement sous Justinien ;
- s'il a été antérieurement affranchi, le rend héritier volontaire ;
- s'il est encore en esclavage, le rend libre et héritier nécessaire ;

par un autre individu
- profite en principe au maître de l'esclave ;
- profite à l'esclave institué, s'il est antérieurement affranchi ;
- s'il appartient à un maître défunt, profite à la succession, pourvu que le testateur ait faction de testament avec le défunt.

par un co-propriétaire
- *cum libertate* — le rend libre, sauf indemnité aux co-propriétaires lésés ;
- *sine libertate* — question d'intention — le doute est en faveur de la liberté.

les héritiers institués *conjunctim* ne comptent que pour une part.

l'institution

peut être affectée
- d'une condition suspensive et non résolutoire — *nemo paganus partim testatus, partim intestatus decedere potest ;*
- de conditions cumulatives ou alternatives.

affectée d'une condition impossible ou contraire aux mœurs, est réputée pure et simple.

le terme
- certain est non écrit ;
- incertain est considéré comme une condition.

l'héritier est habile à recueillir toute la succession.

Conséquemment, s'il y a plusieurs héritiers et que l'un d'eux vienne à disparaître, sa part est dévolue à ses cohéritiers en vertu du droit d'accroissement, développement normal d'une cause antérieure d'acquisition, et n'exigeant point une capacité nouvelle.

---

(1) Voir, page 34, l'explication de cette expression.

(2) Les personnes inconnues, mais déterminées, peuvent être instituées.

Des Substitutions (Titres 15 et 16).

Il y a quatre sortes de substitutions

vulgaire

- institution subsidiaire pour le cas où l'institué ne peut recueillir ;
- cause nouvelle d'acquisition exigeant une nouvelle capacité ;
- si elle est réciproque entre institués, elle empêche le droit d'accroissement et l'application des lois caducaires : le partage des parts défaillantes est proportionnel aux parts héréditaires ;
- s'il y a plusieurs substitués successifs, peu importe l'ordre dans lequel les parts viennent à défaillir (*substitutus substituto censetur substitutus instituto*) ;
- les substitués priment l'institué, si ce dernier est un esclave institué par un insolvable (Loi *Ælia Sentia*).
- il y a concours entre l'institué et le substitué
  - dans le cas d'institution avec clause de *cretio imperfecta* (1), (solution disparue sous Marc-Aurèle avec la formalité de la crétion),
  - lorsque l'institué, cru libre par le testateur, est esclave et acquiert pour son maître et non pour lui-même.

pupillaire

- acte de dernière volonté par lequel le père de famille dispose des biens de ceux qui sont sous sa puissance, pour le cas où ils mourraient impubères ;
- applicable aux posthumes, même exhérédés ;
- inapplicable aux enfants émancipés ;
- subordonnée, quant à ses effets, à la validité du testament du père.
- s'évanouit
  - lorsque l'enfant atteint l'âge de la puberté ;
  - lorsqu'il meurt avant le testateur ;
  - lorsqu'il subit une *capitis deminutio* ;
  - lorsque le substitué laisse écouler un an sans provoquer la nomination d'un tuteur pour l'impubère.
- le substitué pupillaire est l'héritier du pupille ;
- à moins de disposition contraire, le substitué pupillaire est considéré comme substitué vulgaire si l'impubère prédécède.

quasi-pupillaire ou exemplaire

- même faculté accordée à ceux qui ont la puissance paternelle sur des fous ;
- introduite par Justinien :
- est exercée par les ascendants ;
- doit être faite au profit de descendants, de frères et sœurs ou, à défaut, de toute personne.
- s'éteint si le fou recouvre l'usage de la raison.

fidéicommissaire

- institution d'un individu à charge de restituer, en mourant, l'hérédité à un tiers désigné d'avance.
- acte par lequel un testateur dispose à la fois de son hérédité en faveur de deux héritiers qui sont appelés à la recueillir successivement ;
- le fidéi-commissaire est l'héritier du testateur.

---

(1) On nomme *cretio* l'adition d'hérédité entourée d'une forme solennelle ; elle est dite *perfecta* si le testateur l'a imposée sous peine d'exhérédation, *imperfecta* dans le cas contraire.

Des Entraves au droit de tester (Titres 13, 17 et 18).

Un testament sans effet juridique est
- *injustum* — nul dès le principe — contraire au droit ;
- *ruptum* {
  - rompu par la survenance d'un héritier sien omis ;
  - annulé par un testament postérieur ;
- *irritum* — rendu inutile par le défaut de capacité du testateur ou de l'institué ;
- *destitutum* ou *desertum* — si aucun héritier ne fait adition ;
- *inofficiosum* — s'il est annulé pour exhérédation d'un légitimaire.

Sous la loi des douze tables, le droit de tester était sans limite ; les jurisconsultes y apportèrent deux entraves : 1° la nécessité d'instituer ou d'exhéréder les héritiers siens ; 2° la *querela inofficiosi testamenti*.

I. — *Nécessité d'instituer ou d'exhéréder les héritiers siens.*

Les descendants du testateur étant considérés en quelque sorte comme les co-propriétaires du patrimoine paternel, ne peuvent en être dépouillés que par une exhérédation formelle.

Il y a nécessité d'exhéréder un descendant non institué

en droit civil

l'exhérédation est applicable

aux héritiers siens
- fils légitime ou adoptif non émancipé — l'omission entraîne nullité du testament ;
- fille et petit-fils } omis, ils ont en vertu du *jus accrescendi*(1)
  - moitié de la part attribuée à des étrangers,
  - bru *in manu* } une part virile contre des héritiers siens

aux posthumes(2)
- siens ou légitimes — héritiers siens conçus avant et nés après la mort du testateur ;
- aquiliens — ceux qui, précédés par leur père, deviennent héritiers siens par sa mort, après celle du testateur ;
- velléiens — héritiers siens nés après la confection du testament et avant la mort du testateur ;
- quasi-posthumes velléiens — petits-fils vivants lors de la confection du testament et devenus héritiers siens, du vivant du testateur, par la mort ou l'émancipation de leur père.
- l'omission d'un posthume entraîne la nullité du testament.

l'exhérédation
- doit être faite nominativement } pour les fils, pour les posthumes du sexe masculin ;
- peut être faite *inter cæteros*
  - pour les filles,
  - pour les petits-fils ou petites-filles,
  - pour les posthumes du sexe féminin, pourvu qu'il leur soit légué quelque chose ;

en droit prétorien

l'exhérédation
- doit être nominative pour les fils et les petits-fils ;
- peut être faite *inter cæteros* pour les filles et les petites-filles.

la *bonorum possessio*
- *secundum tabulas* est accordée à l'institué si l'héritier omis est mort ou ne réclame pas l'annulation du testament ;
- *contra tabulas* est accordée {
  - à l'héritier sien omis ;
  - à l'enfant émancipé ;
  - à l'enfant adoptif émancipé.

les filles ne peuvent avoir plus par la *bonorum possessio* que par le *jus accrescendi* (Antonin le Pieux).

sous Justinien

- il n'y a plus de formule sacramentelle ;
- l'exhérédation
  - doit être nominative pour tous ;
  - est exigée pour les enfants émancipés ou donnés en adoption, sauf à un ascendant ;
  - n'est plus exigée de l'adoptant à l'égard du fils adoptif non émancipé.
- le *jus accrescendi* est supprimé :
- l'omission entraîne toujours annulation du testament,

---

(1) Si le testament porte à la fois institution d'héritiers siens et étrangers, on emploie simultanément les deux modes de décompte.

(2) Les deux premières catégories comprennent des individus posthumes au testateur, c'est-à-dire, nés après sa mort ; les deux autres, des individus posthumes au testament, c'est-à-dire, nés après sa confection.

II. — *Querela inofficiosi testamenti.*

La *Querela inofficiosi testamenti* est une action basée sur une fiction de démence du testateur et en vertu de laquelle est réformé un testament conforme à la loi, mais contraire à la piété filiale ou aux droits de la famille.

La *querela* avant Justinien

est ouverte :

- contre tous institués :
  - à charge de prouver l'inofficiosité, aux descendants, } agnats, en droit civil ;
  - avec présomption d'inofficiosité, aux ascendants, } cognats, en droit prétorien ;
- contre les personnes viles :
  - aux frères agnats mâles, selon le droit civil ;
  - aux sœurs agnates, aux frères ou sœurs utérins et cognats par les femmes, sous le bas-empire.

est subordonnée à trois conditions :

- qu'il n'y ait aucune autre voie de recours { ni *jus accrescendi* pour la fille, ni *bonorum possessio contrà tabulas* ;
- que l'exhérédation soit inique ;
- que le *querelans* n'ait pas reçu le quart de ce à quoi il aurait droit comme héritier *ab intestat*.
- la quarte légitime se calcule d'après l'actif net de la succession ; on y impute les legs, les fidéi-commis, les donations à cause de mort, la dot et la *donatio propter nuptias* — il en est de même de la donation entre-vifs s'il y a clause à cet égard.

jugée contre l'institué, rejaillit contre les légataires ;

repoussée, entraîne déchéance de la quarte légitime ;

est une action réelle, transmissible aux héritiers lorsqu'elle a été intentée par le légitimaire ;

s'éteint :

- par la mort du légitimaire, sans qu'il y ait eu poursuites ;
- par deux ans à compter de l'adition d'hérédité ;
- par approbation ou acquiescement ;
- par transaction avec l'institué ;
- par désistement.

est remplacée, sous Constantin, par l'action en complément, pourvu que le *querelans* ait été institué avec complément *boni viri arbitratu* ; cette action est personnelle et non réelle ; elle passe toujours aux héritiers et laisse intacte la disposition testamentaire, si elle est repoussée.

sous Justinien

la *querela* :

- est remplacée par l'action en complément pour tout institué ;
- n'existe plus que pour le légitimaire exhérédé ;
- dure cinq ans à compter de l'adition d'hérédité ;
- survit au légitimaire décédé avant l'expiration du délai de l'adition d'hérédité.

la légitime est :

- du tiers, si le testateur a laissé quatre enfants au plus ;
- de moitié, s'il en a un plus grand nombre.

elle doit être donnée au légitimaire à titre d'héritier et non de légataire ;

toutefois :

- les donations pour achat de grade ou d'office
- les dots et donations à cause de noce et de mort

} sont imputées sur la légitime ;

les justes causes d'exhérédation sont déterminées { 14 pour les descendants, 8 pour les ascendants, 3 pour les frères et sœurs.

elles doivent être visées dans le testament ;

le succès de la *querela* n'entraîne annulation que de l'institution d'héritier ;

il laisse subsister toutes les autres dispositions testamentaires.

De l'Adition d'hérédité (Titre 19).

Les héritiers sont

- **nécessaires** :
  - esclaves institués avec affranchissement exprès ou tacite ;
  - ils sont soumis en principe à la confusion forcée des patrimoines ;
  - ils peuvent réclamer, pour l'avenir, le bénéfice prétorien de la séparation de biens.
- **siens et nécessaires** :
  - *sui heredes* — placés sous la puissance immédiate du testateur à sa mort ;
  - en droit civil, il y a confusion des patrimoines ;
  - **en droit prétorien** :
    - le bénéfice d'abstention s'opère de plein droit par la non-immixtion ;
    - il équivaut à une répudiation ;
    - il est révocable si l'héritier détourne des valeurs de la succession.
- **externes ou volontaires** :
  - pris en dehors de la famille ;
  - astreints à l'adition d'hérédité.

En cas de solvabilité du défunt et d'insolvabilité de l'héritier, les créanciers peuvent demander au préteur et obtenir de lui le bénéfice de la séparation des patrimoines, à la condition de le réclamer dans les cinq ans au plus tard.

l'adition d'hérédité

- **doit être faite consciemment** :
  - est impossible dans l'ancien droit à *l'infans* et au *furiosus* ;
  - **est permise** :
    - par Théodose et Valentinien au père ou tuteur de *l'infans* ;
    - **sous Justinien** :
      - au curateur du *furiosus* ;
      - à tout individu capable de comprendre son acte, fût-il sourd-muet.
- **est réalisée** :
  - par l'accomplissement de la crétion parfaite ou imparfaite (voir page 28 note).
  - par une déclaration non solennelle ;
  - par des actes de gestion en qualité d'héritier.
- **peut être faite** :
  - **en cas d'institution pure et simple** :
    - en droit civil, à partir de la mort du testateur ;
    - sous l'empire des lois caducaires (1), à compter de l'ouverture du testament ;
  - **en cas d'institution conditionnelle** : à dater de l'arrivée de la condition ;
  - par l'institué seul, en droit civil ;
  - par ses héritiers s'il est mort dans les délais d'adition, sous Justinien.
- **peut être différée** :
  - en droit civil, indéfiniment — sauf l'application de *l'usucapio lucrativa pro herede* ;
  - en droit prétorien, pendant 100 jours à partir d'une mise en demeure faite par les créanciers ;
  - sous Justinien, pendant 3 mois, plus 6 mois avec autorisation du magistrat ; plus 3 mois moyennant un décret impérial.
- **le silence** :
  - en droit civil, emporte renonciation ;
  - sous Justinien, emporte acceptation dès que l'héritier a demandé un délai dépassant les trois premiers mois.
- **est irrévocable sauf *restitutio in integrum*** :
  - accordée par le préteur au mineur de 25 ans, lésé par son acceptation ;
  - accordée par Justinien à tout majeur ayant eu juste sujet d'ignorer le passif d'une succession,
- **peut être faite sous Justinien sous bénéfice d'inventaire** :
  - **droit pour l'héritier** :
    - de n'être tenu des dettes que *intra vires hereditatis* ;
    - de réclamer ce qui lui est dû par le défunt ;
  - **conditions** :
    - inventaire fidèle ;
    - exécuté sous la surveillance des intéressés (créanciers, légataires, etc.) ;
    - commencé dans les 30 jours, terminé dans les 90 jours de l'ouverture du testament ;
  - refusé à l'héritier qui a demandé un délai.

la renonciation est
- expresse ou tacite ;
- irrévocable sauf le cas de *restitutio in integrum*.

---

(1) D'Auguste à Constantin le Grand.

Des Legs (Titres 20 et 21).

Le legs est une disposition faite à titre gratuit et particulier, par testament à l'origine, et, en outre, depuis Auguste, par codicille.

En droit classique il y a quatre sortes de legs

per vindicationem
- fait dans la forme impérative : « *do, lego* » ;
- applicable à tout ce dont le testateur est propriétaire quiritaire ;
- le légataire est investi du legs
  - pur et simple, rétroactivement du jour de l'adition ;
  - conditionnel, du jour de la réalisation de la condition.

per damnationem
- injonction à l'héritier de faire une chose : *heres, damnas esto dare.*
- applicable
  - à la chose du testateur,
  - à la chose d'autrui,
  - à une chose future.
- donne naissance à une créance et à une action personnelle contre l'héritier.

sinendi modo
- injonction à l'héritier de laisser faire : *heres damnas esto sinere...*
- applicable à toute chose comprise dans l'hérédité ;
- obligation passive n'exigeant de l'héritier que la translation de propriété.

per præceptionem
- attribution impérative à un héritier précipuataire : « *præcipito.* »
- applicable à toute chose comprise dans l'hérédité ;
- si le précipuataire n'est pas héritier
  - le legs était nul suivant les Sabiniens,
  - valait comme legs *per vindicationem* suivant les Proculiens — opinion consacrée par Adrien.

Le sénatus-consulte néronien
- laisse subsister les formules ;
- valide comme legs *per damnationem*
  - le legs *per vindicationem* d'une chose — *in bonis* ou appartenant à autrui ;
  - le legs *per præceptionem* — d'une chose non héréditaire ; fait à tout autre qu'un héritier ;
  - tout legs nul pour vice de forme.

Les fils de Constantin suppriment les paroles consacrées.

Justinien ne laisse subsister qu'un seul legs auquel il donne une action réelle, personnelle et hypothécaire s'il s'agit d'un corps certain, personnelle seulement s'il s'agit d'une chose incertaine ou de genre et non comprise dans l'hérédité.

sont nuls les legs
- d'une chose hors du commerce ;
- de la chose du légataire (règle Catonienne), même s'il n'en est plus propriétaire au jour de la mort du testateur.

sont valables les legs
- contenant l'indication d'une cause erronée ;
- de la chose d'autrui — il devient inutile si le légataire acquiert la chose à titre gratuit ;
- de libération — le créancier peut
  - opposer à l'héritier l'*exceptio doli mali* ;
  - exercer contre lui une *actio ex testamento ut liberet eum.*
- de dette, si le créancier y a un intérêt quelconque ;
- de dot, parce qu'il fait bénéficier la femme des récompenses de l'*actio rei uxoriæ* ;
- *universitatis juris*
  - d'un pécule — fait
    - à l'esclave lui-même, se calcule au jour de l'adition ;
    - à un étranger, est fixé à la mort du testateur ;
  - partiaire
    - entraîne contribution aux dettes au moyen des stipulations *partis et pro parte* ;
    - laisse les actions, créances et dettes, au nom de l'héritier.
- de genre
  - dans l'ancien droit, donne le choix
    - au légataire, si le legs est *per vindicationem* ;
    - à l'héritier s'il est *per damnationem* ;
  - sous Justinien, le choix appartient au légataire, à charge de prendre un objet de qualité moyenne.

le legs d'option
- est annulé dans l'ancien droit, faute d'exercer l'option ;
- est déclaré par Justinien transmissible aux héritiers.

Le legs pénal, nul dans l'ancien droit, est validé par Justinien.

Des Legs (Suite).

est valable le legs fait

sous condition
- suspensive ;
- négative — caution mutienne pour assurer la restitution ;
- impossible ou illicite — elle est réputée non écrite ;

sub modo
- il y a ouverture immédiate du droit ;
- le légataire doit donner caution jusqu'à l'accomplissement de son obligation ;

à terme
- certain ;
- incertain -- il équivaut à une condition.

On peut léguer à tous ceux qui ont faction de testament et aux posthumes.
Les légataires ne peuvent bénéficier du legs que s'ils ont le *jus capiendi*.

Droit d'accroissement

dans l'ancien droit

legs *per vindicationem*
- *conjunctim*
- *disjunctim*

il y a partage entre les co-légataires ;

legs *per damnationem*
- *conjunctim* — il y a partage mais non accroissement ;
- *disjunctim* — il n'y a ni partage, ni accroissement ; le premier qui se présente touche la chose, le second en reçoit le prix.

legs *sinendi modo*
- *conjunctim*
- *disjunctim*

mêmes règles que dans le legs *per damnationem*

legs *per præceptionem*
- *conjunctim*
- *disjunctim*

mêmes règles que pour le legs *per vindicationem*.

l'accroissement a lieu forcément, mais sans charges.

sous les lois caducaires (*Julia* et *Papia Poppæa*)

les parts caduques, c'est-à-dire enlevées
- aux célibataires,
- aux *orbi*,
- aux Latins-Juniens,

les parts quasi-caduques, c'est-à-dire
- non recueillies par suite de circonstances étrangères aux lois caducaires

sont attribuées, en vertu du *jus patrum* ou *caduca vindicandi*

aux *patres*
- légataires conjoints *re et verbis*, héritiers institués, légataires non conjoints ou conjoints *re tantum*.

à défaut de *patres*
- au fisc.

l'ancien droit d'accroissement est maintenu
- lorsque le legs est nul dès l'origine (*pro non scripto*) ;
- en faveur des ascendants et descendants jusqu'au 3e degré.

sont exempts des pénalités et privés du *jus patrum* (*solidi capacitas*).
- les hommes mineurs de 25 ans ou sexagénaires ;
- les femmes mineures de 20 ans ou quinquagénaires ;
- les fiancés.

l'accroissement a lieu volontairement mais avec charges.

sous Justinien
- il y a toujours lieu à accroissement ;
- en cas de legs fait *conjunctim*, il est volontaire et avec charges ;
- en cas de legs fait *disjunctim*, il est forcé mais sans charges.

3

Des Legs (Suite).

Règle catonienne
Quod, si testamenti facti tempore decessisset testator, inutile foret, id legatum, quandocumque decesserit, non valere.
Un legs qui serait nul, si le testateur venait à mourir au moment de la confection du testament, ne peut être valable, quelle que soit l'époque de la mort du testateur.
Cette règle n'est applicable qu'aux legs purs et simples dans lesquels *dies cedit a morte testatoris.*

Dies cedit (le droit est ouvert)
dans les legs purs et simples :
- à la mort du testateur — dans l'ancien droit
- à l'ouverture du testament — sous les lois caducaires
- à la mort du testateur — sous Justinien

le legs reste subordonné à l'adition d'hérédité.

dans les les legs conditionnels — à l'arrivée de la condition

Dies venit (le droit est acquis)
pour les legs purs et simples — lors de l'adition d'hérédité ;
pour les legs conditionnels / à terme — à l'arrivée du terme ou de la condition — il y a confusion dans ce cas avec la *diei cessio.*

De la révocation des Legs.

Les legs sont :

révoqués
- en droit classique — d'une manière solennelle et expresse ;
- sous Justinien :
  - par toute manifestation d'intention contraire ;
  - tacitement : par destruction, par donation, par divinisation, de la chose léguée ;
  - la révocation peut être conditionnelle.

transférés
- par changement de légataire — il y a : révocation définitive du premier legs ; attribution nouvelle ;
- par changement de l'héritier grevé ;
- par changement de l'objet légué ;
- par changement de modalité.

éteints
- par défaillance de la condition ;
- par la mort ou l'incapacité du légataire avant la *diei cessio* ;
- par l'acquisition gratuite de la chose par le légataire ;
- par la perte, sans le fait de l'héritier, entraînant :
  - extinction absolue du legs : d'un corps certain, d'une chose principale et de ses accessoires ;
  - extinction partielle du legs de choses distinctes.

Restrictions au droit de léguer (Titre 22).

Le droit de léguer a été restreint

par la loi *Furia testamentaria*, qui interdit à tout individu étranger à la famille d'accepter un legs de plus de mille as.

par la loi *Voconia*, qui interdit aux personnes recensées dans la 1ʳᵉ classe de léguer plus qu'il ne reste à l'héritier.

par la loi Falcidie

destinée à intéresser les héritiers à faire adition ; elle autorise l'héritier à garder le quart de l'hérédité (quarte Falcidie).

le calcul

a lieu de plein droit pour chaque héritier ;

se fait { après déduction de tout le passif ; à la mort du testateur ;

il n'est modifié { ni en cas d'accroissement ; ni en cas de changement dans la valeur des biens.

diffère de celui de la quarte légitime en ce que

la quarte légitime { est calculée { n'appartient qu'à certains, *ab intestat*, en tenant compte des donations.

la quarte Falcidie { appartient à tout institué ; est calculée sans sortir du testament.

si la valeur des biens a diminué depuis la mort du testateur, l'héritier conserve toujours le droit d'obtenir des légataires une réduction amiable en les menaçant de sa renonciation.

le bénéfice en est retiré à l'héritier sous Justinien { faute d'inventaire ; si le testateur l'exige — mais alors l'héritier reste libre de renoncer.

Des Fidéi-Commis (Titres 23 et 24).

Les fidéi-commis

sont un moyen d'échapper aux incapacités légales (Lois caducaires, etc.) ; sont faits en termes précatifs ; sont dépourvus de sanction en droit classique ; sont recommandés aux soins des consuls sous Auguste ; sont surveillés par un préteur spécial sous Justinien.

en droit classique { l'héritier grevé du fidéi-commis restait responsable des dettes ; on remédia à ce résultat par une vente d'hérédité.

Le sénatus-consulte Trébellien place le fidéi-commissaire *loco heredis*, lui transmet les actions et accorde à l'héritier l'exception prétorienne *restitutæ hereditatis*.

Le sénatus-consulte Pégasien étend la quarte Falcidie aux fidéi-commis et l'héritier reprend les actions et charges — en cas de refus d'adition, elle a lieu par ordre du préteur et le sénatus-consulte Trébellien reste en vigueur.

sous Justinien

il y a confusion des deux sénatus-consultes ; le fidéi-commissaire est *loco heredis* ;

le fiduciaire { a droit de conserver ou de répéter la quarte Falcidie ; peut être contraint à faire adition ;

les fidéi-commis sont de véritables legs *per damnationem* ; ils sont applicables à la chose d'autrui et ne donnent jamais ouverture au droit d'accroissement.

Des Codicilles (Titre 25).

Les codicilles
- **sont**
  - isolés — ayant en eux leurs causes de validité ;
  - confirmés — puisant leur validité dans un testament ;
- sont maintenus, sauf clause contraire, en cas de testament postérieur et non confirmatif ;
- peuvent contenir des legs et des fidéi-commis, mais non pas une institution d'héritier ;
- ne peuvent contenir que des fidéi-commis, s'ils ne sont pas confirmés ;
- exigent la même capacité que le testament chez le disposant ;
- peuvent coexister, en nombre indéterminé, tandis qu'il ne peut exister qu'un seul testament ;
- peuvent être appliqués aux héritiers *ab intestat* ;
- sont exempts de toute formalité dans l'ancien droit ;
- sont astreints, *ad probationem*, par Théodose II, à être faits, *uno contextu*, devant cinq témoins.

De l'Institution in re certâ.

---

en droit classique
- s'il n'y a qu'un seul institué, elle est valable sans restriction ;
- s'il y a plusieurs institués et qu'ils soient tous institués *in re certâ*, ils sont préciputaires, puis héritiers ;
- s'il y a plusieurs institués et qu'un seul soit institué *in re certâ*, il est préciputaire de la chose et ses cohéritiers sont préciputaires de sa part.

sous Justinien
- l'institué *in re certâ* est considéré comme légataire du corps certain ;
- les cohéritiers sont seuls héritiers.

FIN.

Bar-le-Duc. — Typographie des CÉLESTINS. — BERTRAND

LE DROIT CIVIL

EN TABLEAUX SYNOPTIQUES

PRIX : 1 FR. 50

EN VENTE CHEZ CHALLAMEL AINÉ, 5, RUE JACOB

Organisation du Conseil d'État. — *Loi du 24 mai* 1872, accompagnée d'extraits de l'exposé des motifs, de la discussion au sein de l'Assemblée nationale, et de références aux lois de 1845 et 1849, ainsi que de la composition du Conseil d'État, par M. J. DELARBRE, conseiller d'État en service extraordinaire, directeur au ministère de la marine et des colonies. — 2ᵉ édition. — 1 vol. in-8° .... **4 fr.**

Etude sur la Question des peines, par E.-H. MICHAUX, sous-directeur des colonies au ministère de la marine et des colonies. — 2ᵉ édition. — 1 vol. in-8° .... **5 fr.**

Bar-le-Duc. — Typographie des Célestins. — BERTRAND.

www.ingramcontent.com/pod-product-compliance
Lightning Source LLC
Chambersburg PA
CBHW060456210326
41520CB00015B/3975